顾问委员会

主　任：韩启德

委　员：刘嘉麒　周忠和　张　藜　于　青　刘海栖
　　　　海　飞　王志庚

编委会

主　任：徐延豪

副主任：郭　哲　张　藜　任福君

委　员：（按姓氏笔画排序）
　　　　叶　青　刘　晓　刘　静　李以莞　李清霞
　　　　杨志宏　杨新军　张九辰　周大亚　孟令耘
　　　　胡晓菁　袁　海　顾晓曼　高文静　曹海霞
　　　　彭　洁

主编

任福君

副主编

杨志宏

致谢

感谢彭洁老师为本书审稿，并提供资料。

"共和国脊梁"科学家绘本丛书　校园普及版

吃百家饭的孩子
与中国核潜艇

彭士禄的故事

任福君　主编

杨志宏　著　王兰　张晓　绘

北京出版集团
北京出版社

前 言

回首近代的中国，积贫积弱，战火不断，民生凋敝。今天的中国，繁荣昌盛，国泰民安，欣欣向荣。当我们在享受如今的太平盛世时，不应忘记那些曾为祖国奉献了毕生心血的中国科学家。他们对民族复兴的使命担当、对科技创新的执着追求，标刻了民族精神的时代高度，书写了科学精神的永恒意义。他们爱国报国、敬业奉献、无私无畏、追求真理、不怕失败，为祖国科学事业的繁荣昌盛，默默地、无私地奉献着，是当之无愧的共和国脊梁，应被我们铭记。

孩子是祖国的未来，更是新时代的接班人。今天，我们更应为孩子们多树立优秀榜样，中国科学家就是其中之一。向孩子们讲述中国科学家的故事，弘扬其百折不挠、勇于创新的精神，是我们打造"'共和国脊梁'科学家绘本丛书"的初衷，也是对中国科学家的致敬。

丛书依托于"老科学家学术成长资料采集工程"（以下简称"采集工程"）。这项规模宏大的工程启动于2010年，由中国科协联合中组部、教育部、科技部、工信部、财政部、原文化部、中国科学院、中国工程院等11个单位实施，目前已采集了500多位中国科学家的学术成长资料，积累了一大批实物和研究成果，被誉为"共和国科技史的活档案"。"采集工程"在社会上产生了广泛影响，但成果受众多为中学生及成人。

为了丰富"采集工程"成果的展现形式，并为年龄更小的孩子们提供优质的精神食粮，"采集工程"学术团队与北京出版集团共同策划了本套丛书。丛书由多位中国科学院院士、科学家家属、科学史研究者、绘本研究者等组成顾问委员会、编委会和审稿专家团队，共同为图书质量把关。丛书主要由"采集工程"学术团队的学者担任文字作者，并由新锐青年插画师绘图。2017年9月启动"'共和国脊梁'科学家绘本丛书"创作工程，精心打磨，倾注了多方人员的大量心血。

丛书通过绘本这种生动有趣的形式，向孩子们展示中国科学家的风采。根据"采集工程"积累的大量资料，如照片、手稿、音视频、研究报告等，我们在尊重科学史实的基础上，用简单易懂的文字、精美的绘画，讲述中国科学家的探索故事。每一本都有其特色，极具原创性。

丛书出版后，获得科学家家属、科学史研究者、绘本研究者等专业人士的高度认可，得到社会各界的高度好评，并获得多个奖项。

丛书选取了不同领域的多位中国科学家。他们是中国科学家的典型代表，对中国现代科学发展贡献巨大，他们的故事应当广泛流传。

"'共和国脊梁'科学家绘本丛书"的出版对"采集工程"而言，是一次大胆而有益的尝试。如何用更好的方式讲述中国科学家故事、弘扬科学家精神，是我们一直在思考的问题。希望孩子们能从书中汲取些许养分，也希望家长、老师们能多向孩子们讲述科学家故事，传递科学家精神。

"'共和国脊梁'科学家绘本丛书"编委会

致读者朋友

亲爱的读者朋友，很高兴你能翻开这套讲述中国科学家故事的绘本丛书。这些科学家为中国科学事业的繁荣昌盛做出了巨大贡献，是我们所有人的榜样，更是我们人生的指路明灯。

讲述科学家的故事并不容易，尤其是涉及专业词汇，这会使故事读起来有一些难度。在阅读过程中，我们有以下3点建议希望能为你提供帮助：

1.为了让阅读过程更顺畅，我们对一些比较难懂的词汇进行了说明，可以按照注释序号翻至"词汇园地"查看。如果有些词汇仍然不好理解，小朋友可以向大朋友请教。

2.在正文后附有科学家小传和年谱，以帮助你更好地认识每一位科学家，了解其个人经历与科学贡献，还可以把它们当作线索，进一步查找更多相关资料。

3.每本书的封底附有两个二维码。一个二维码是绘本的音频故事，扫码即可收听有声故事；另一个二维码是中国科学家博物馆的链接。中国科学家博物馆是专门以科学家为主题的博物馆，收藏着大量中国科学家的相关资料，希望这些丰富的资料能拓宽你的视野，让你感受到中国科学家的风采。

1933年11月的一天，
《广州民国日报》刊登了一张小男孩在监狱门口的照片。
这个被关进监狱的小男孩只有8岁，胳膊还没有牢门的铁栏粗。
你一定会好奇，他为什么会被关进监狱呢？
因为，这个小男孩是农民运动大王——彭湃①的儿子，他的名字叫彭士禄。

尽管他的童年一路坎坷，
但他最终成长为中国核动力②科学家，
中国第一代核潜艇③第一任总设计师。

在小士禄还不满4岁时，

他的妈妈和爸爸就先后英勇就义了，

他成了孤儿。

敌人叫嚣着：

"彭家的人，见到一个杀一个！一个都不能留，要斩草除根！"

为了保护小士禄，

贫苦、善良的百姓们冒着生命危险，

把他从这一家转移到另一家。

于是，小士禄有了"山顶阿妈"、"船夫父亲"、潘姑妈等很多家人。

吃着百家饭，
穿着百家衣，
姓着百家姓，
小士禄就这样在众多家人的关怀下长大了！

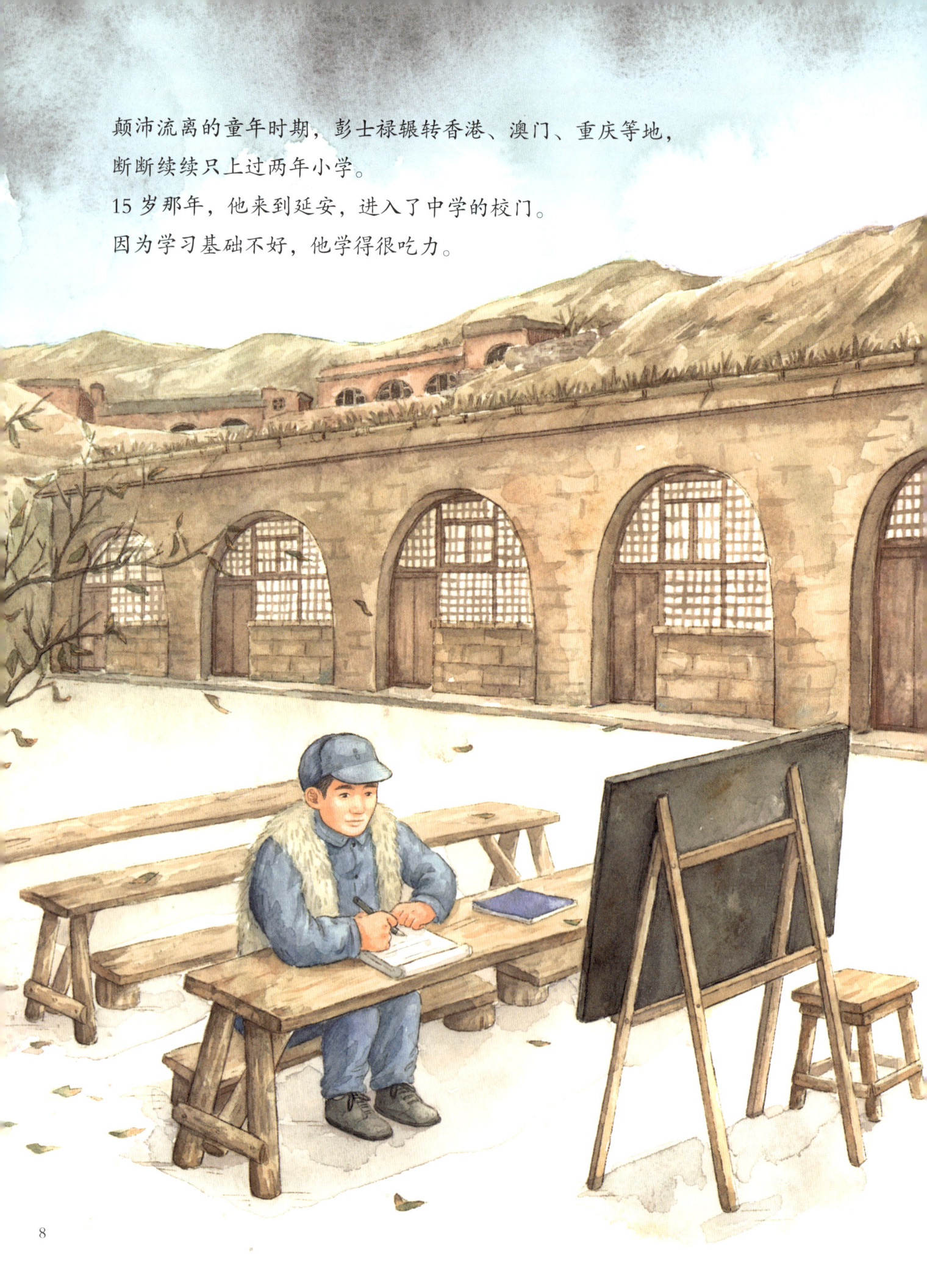

颠沛流离的童年时期，彭士禄辗转香港、澳门、重庆等地，断断续续只上过两年小学。

15岁那年，他来到延安，进入了中学的校门。

因为学习基础不好，他学得很吃力。

彭士禄并没有因此而气馁，
他把看不懂的数学符号、公式想象成敌人，
记住它们，然后把它们一一攻克。

仅仅自己学习好是不够的，
作为学习小组组长的彭士禄，
提出了"互帮互助，有问必答"的学习方法，
带领他们的学习小组成为全校的学习榜样。

26岁时，彭士禄以优异的成绩获得去苏联留学的机会。
在他学习期间，英国爆炸了原子弹，美国和苏联爆炸了氢弹，
美国核潜艇试制成功，苏联第一座核电厂建成……
核能是保卫国家、建设国家的新能源，中国也不能落后。

但当时，中国国内缺少核动力专业的人才，
国防部副部长陈赓来到中国驻苏使馆，
问几位即将毕业的留学生，
是否愿意改行学核动力专业。
学习化工机械的彭士禄毫不迟疑地回答：
"只要祖国需要，我当然愿意！"

彭士禄与时间赛跑，两年就完成了专业课的学习。

学成回国的他，正赶上国家急需人才研究制造核潜艇。

召集来的这批人大都是刚刚走出大学校门的年轻人。

核潜艇到底长什么样?
没人见过!
他们眼前只有几张外国核潜艇的照片,模糊不清;
一艘美国核潜艇模型,还是儿童玩具。

一切几乎从零开始，研制核潜艇谈何容易！

彭士禄没有退缩，

他带领团队一起研究，互教互学。

"你们应该屁股圆圆、脑袋尖尖。

屁股要圆，就是要坐得住；不能像猴子一样，坐不下去。

脑袋要尖，就是要钻得进去；脑袋不尖，是钻不进去的。"

当时还没有电脑，仅有几台手摇计算机，
大部分人就拉计算尺、打算盘，没日没夜地计算数据，
一种方案的计算有时需要几个人连续工作一个多月才能完成。
对收集到的国外数据需要进行反复验算、校核和修正。

彭士禄负责的是核潜艇的"心脏"——核动力。
核潜艇就像一名游泳健将,
它不仅需要灵活健壮的肢体,
还要有一颗强大的心脏,
为肢体的运动提供充足的动力。
核动力装置就是核潜艇的"心脏",
为核潜艇的航行提供源源不竭的能量。

1965年，彭士禄告别家人，前往祖国大西南，负责筹建中国第一座潜艇核动力装置陆上模式堆④试验基地。

工作中，大家给彭士禄起了两个外号——"彭大胆"与"彭拍板"，可他并不是个拍脑袋说大话的人。

建造什么样的模式堆？怎样布置核动力装置？

大家展开了激烈的讨论。

有些人主张要做就做世界上最先进的——增殖堆⑤，"一体化"，集中布置，认为压水堆⑥太落后，我们刚起步，当然要选最先进的做法。

"彭拍板"却说:"按我们的方案办!"

增殖堆脾气太大,一见水和空气就"发火",

稍微一漏气就爆炸,特别难伺候。

集中布置确实先进,但只要坏个零件,就得大拆大卸,

既浪费时间,又增加了维修的难度。

还是"压水堆"和"分散布置"安全可靠,符合国情。

事实证明,彭士禄的主张是对的。

20

在选择反应堆内的压力参数时,
彭士禄对苏联专家提供的参数提出质疑。
"这个参数不会错,也许还是教过你的那些苏联教授算出来的呢!"
"我们不能人云亦云,轻易相信人家的参数,
要自己计算,用数据说话,只有第一手的数据才是可信的。"
彭士禄斩钉截铁地说。

他亲自计算了好几天,
计算结果显示,选择"200个大气压[7]"是错误的。
一段时间后,苏联专家也发现并纠正了这个错误数据。

"彭拍板"并不是一个独断专行的人。
他说："我们要知错就改,
干对了是你们的,干错了,我负责。
但我们要拿数据说话。"
经过长达6年,一次又一次论证、设计、试验、运行,
终于到了潜艇核动力装置进行试验的这一天。

中国人民有志气，有能力，一定要在不过世界先进水平。

所有人都紧张地注视着仪表变化,
控制室里没有人出声,
只有一个个仪表指针不断颤抖转动,
一排排红红绿绿的信号灯不断闪烁。
主辅机舱中,噪声震耳,
蒸汽管道中,灼热的气流高速运转,动力输出稳定。

1970年8月30日18时30分,试验成功了!
中国的核潜艇拥有了一颗健康强壮的"心脏"!
彭士禄和他的同事们开创了新中国核能利用的新纪元。

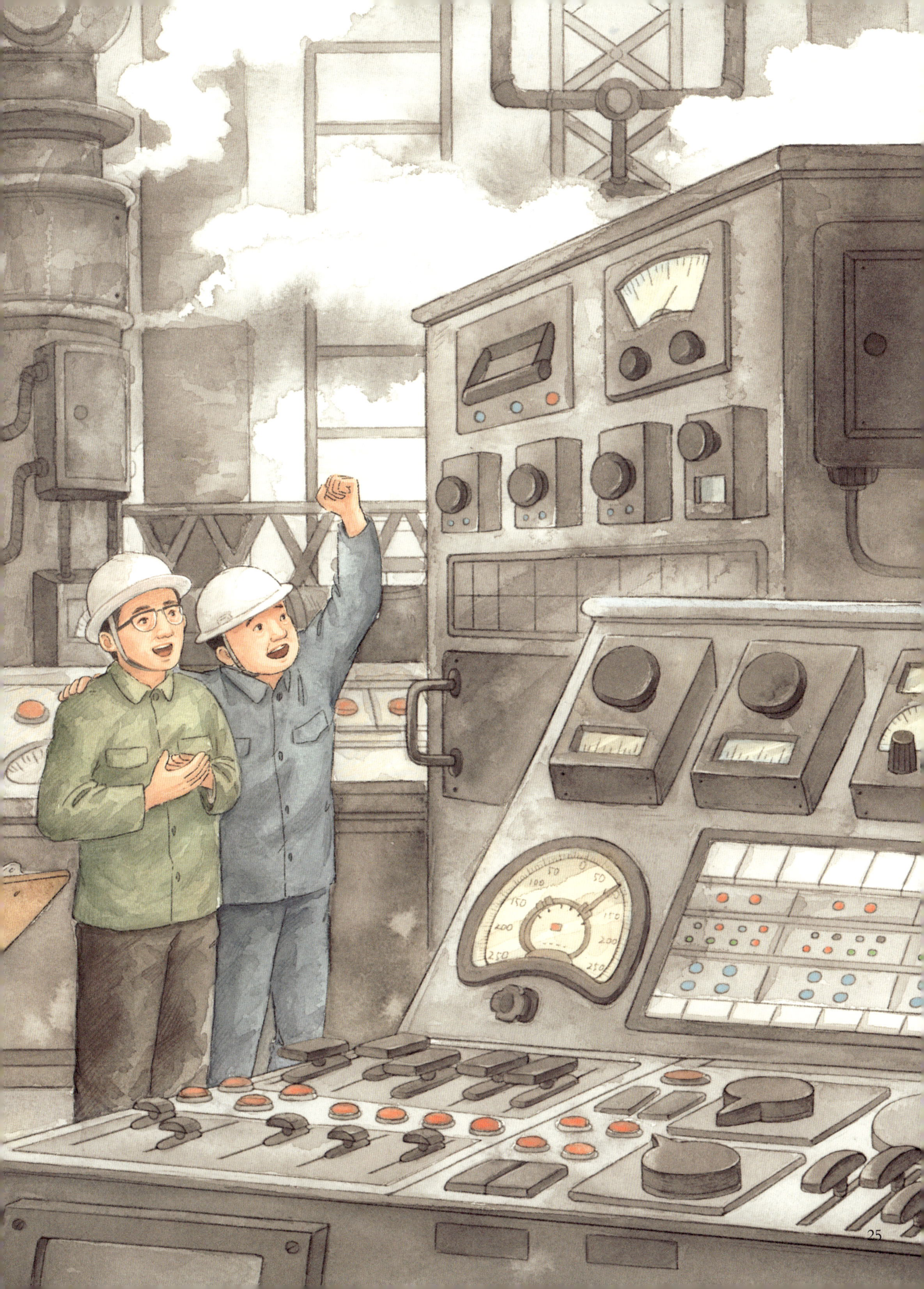

1970年12月,中国第一艘核潜艇顺利下水。

1971年8月,中国第一艘核潜艇开始了第一次航行试验。

中国成为世界上第五个拥有核潜艇的国家。

20世纪80年代,彭士禄来到广东大亚湾核电站⑧,负责筹建工作,担任总指挥,做了我国核电站的垦荒牛。

27

在筹建核电站期间，彭士禄每天忙着计算各种数据。

"对不起，我正在算个参数。"所以，来采访的记者被晾在了一边。

"彭部长正在为60万千瓦核电站进行计算。

他只要一进入计算，世界仿佛就不存在了，

谁说什么，谁喊他，都听不见……"

秘书连忙招呼道。

彭士禄跟记者讲起他的"第一夫人"——核动力。
为什么大亚湾核电站不会爆炸？
他有一个生动的比喻，
原子弹像酒精，用火一点就着；
核电站像啤酒，怎么点都点不着。
即使核电站控制失灵，也不会爆炸。

30

世纪之交，年逾古稀的彭士禄，
还在关注核电站的建设，
参加学术活动，经常忙到深夜。
一天回家，他的孙女拿出了一份合同书：
爷爷如一周内都准时回家，
奖励啤酒2罐或一瓶！

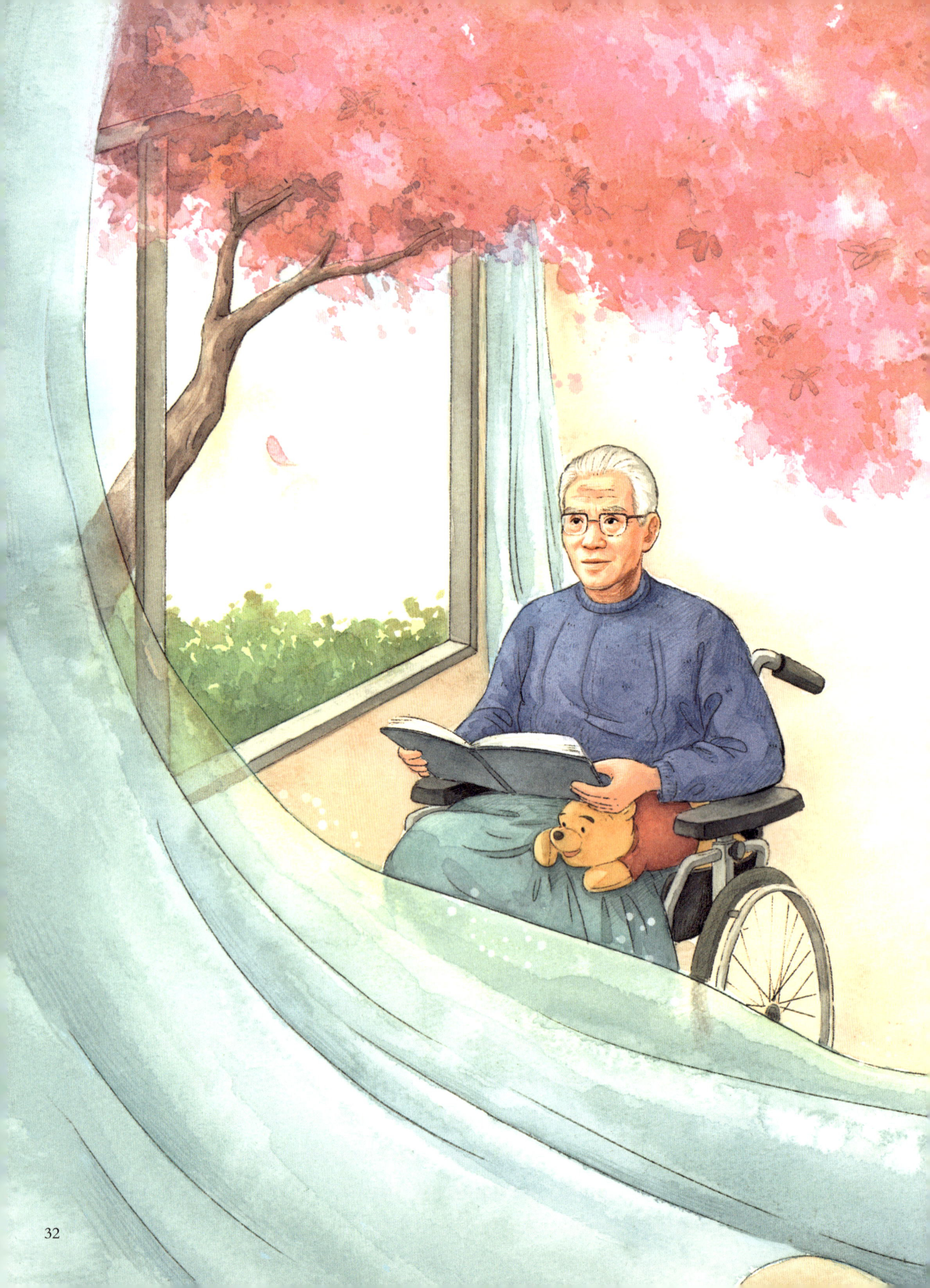

95 岁时，彭士禄的记忆与语言功能下降了很多，但只要一提到核潜艇，他马上就会说出：
"核潜艇，一万年也要搞出来！"
这是当年研制核潜艇时，毛主席发出的伟大号召啊！

34

回忆过往，年迈的彭士禄时常感慨不已，
他说，自己的父母是革命先烈，
他一辈子只做了两件事：
一是造核潜艇；二是建核电站。
彭士禄从一名孤儿成长为我国著名的核动力科学家，
用一生的奉献回报了养育他的祖国和人民。

彭士禄小传

核潜艇是世界强国必备的战略性武器装备，它具有保护核武器和实现二次打击双重特点，是一个国家海军军事实力强大的象征，也是一个国家强大的象征。彭士禄是我国第一代核潜艇的第一任总设计师。

彭士禄是革命先烈彭湃之子，在他3岁和4岁时，父母先后英勇牺牲，他自幼颠沛流离。1933年7月，年仅8岁的彭士禄被抓入狱。国民政府给"小政治犯"彭士禄照了相，在《广州民国日报》上刊登大幅照片，在醒目的位置注有"彭湃之子被我第九师捕获"等字样。监禁一年后，彭士禄又被押送到广州的"感化院"，关押一年后才被释放。

1940年底，15岁的彭士禄来到革命圣地延安读书。不屈的精神，刻苦的学习，为彭士禄打下了坚实的学习基础。1951年，彭士禄以优异的成绩获得了去苏联留学的名额。开始时，他学的是化工机械专业，并获得"优秀化工机械工程师"证书。毕业之际，因为国家需要，他改学核动力专业。两年后，彭士禄学成回国。

1962年，彭士禄开始主持我国潜艇核动力装置的论证与主要设备的前期研发工作。

当时,中国在核潜艇的建造方面的知识几乎为零。同时,反应堆研究室不到50人的团队中,大多数是刚毕业的大学生,所学也不是核动力或相关专业。在重重困难面前,彭士禄带领同事们以"自教自学"的模式起步。

经过两年的钻研后,彭士禄带领团队来到四川,筹建中国第一座潜艇核动力装置陆上模式堆试验基地。核潜艇的研制是现代化国防建设中的一项极为尖端复杂的系统工程。他作为当时研制核潜艇的技术负责人,是很多决策的"拍板人"。彭士禄一步一个脚印,对核潜艇研制过程中的每一个技术难题高度重视,一丝不苟,确保各项工作充分准备,万无一失。

1970年8月30日,陆上试验核反应堆主机达到了满功率指标,新中国第一艘核潜艇的心脏开始跳动。毛主席曾号召,"核潜艇,一万年也要搞出来!"一万年太久,只争朝夕。彭士禄、黄纬禄、赵仁恺、黄旭华等第一代核潜艇总设计师们不负国家与人民的期望,为我国造出了核潜艇,大大提高了我国的国际地位。

20世纪80年代,国家启动广东大亚湾核电站项目,50多岁的彭士禄被任命为筹建总指挥,他又转行学习经济学。他提出的投资、进度、质量三大控制要素,为大亚湾核电站工程打下了良好的基础。浙江秦山二期核电站的建设中,彭士禄又提出"以我为主,中外合作"的理念,倡导自主设计、建造,并亲自参与机组设计计算,为秦山二期工程提供了可靠的科学依据。

彭士禄,我国核动力道路上的垦荒牛,是烈士子弟继承父母遗志在军政商界之外的科技界,做出卓越功勋的最具代表性的人物之一。

彭士禄年谱

1 1925年
生于广东省海丰县，取名彭赤湿。

2 1928年（3岁）
时任海丰县妇女解放协会主任的母亲蔡素屏牺牲，年仅31岁。

3 1929年（4岁）
父亲彭湃牺牲。彭湃时任中共中央政治局委员、中央农委书记等职，牺牲时年仅33岁。

4 1930—1933年（5～8岁）
为躲避敌人追捕，先后住在20多位贫苦百姓家里。1933年，彭士禄与潘姑妈一起被捕入狱，被国民党反动派列为"小政治犯"。

5 1936—1940年（11～15岁）
被释放后，寄居于贫苦百姓家里，为生存辗转于广东、香港多地，最后到达延安。

6 1941—1945年（16～20岁）
就读于延安泽东青年干部学校少年班，之后先后进入延安中学、延安大学学习。

7 1956年（31岁）
毕业于莫斯科化工机械学院，成绩全优，获"优秀化工机械工程师"称号。随后在莫斯科动力学院核动力专业进修，2年后毕业回国。

8 1958年（33岁）
回国后进入北京原子能研究所工作。与同学马淑英结婚。

9 1960年（35岁）
在北京原子能研究所从事潜艇核动力堆的研究工作。

10 1962年（37岁）
任北京原子能研究所动力研究室副主任。

11 1963年（38岁）
任中国科技大学近代物理系副教授，核潜艇动力工程研究所副所长。

12 1965年（40岁）
周恩来批准核潜艇项目重新启动。奉命负责核动力的总体设计。前往四川参与筹建中国第一座潜艇核动力装置陆上模式堆试验基地。

13 1967年（42岁）
任核潜艇陆上模式堆基地副总工程师。

15 1970年（45岁）

主持1∶1核潜艇陆上模式堆试验。在人民大会堂福建厅向周恩来、聂荣臻、叶剑英等中央专委做核潜艇研制工作专题汇报。

17 1978年（53岁）

出席全国科学大会，因核潜艇的研制设计成功获全国科学大会奖。

19 1983年（58岁）

带领技术骨干来到广东开始核电站建设工作。担任广东大亚湾核电站总指挥。

21 1986年（61岁）

调任核工业部副部长兼总工程师、科技委第二主任，负责秦山核电站二期的筹建。

23 1994年（69岁）

当选为中国工程院首批院士。

25 2020年（95岁）

荣获第十三届光华工程科技成就奖。

14 1969年（44岁）

拍板确定核潜艇动力系统的主泵设计。

16 1971年（46岁）

任核潜艇总体设计研究所副所长兼副总工程师。

18 1979年（54岁）

任中华人民共和国第六机械工业部副部长、总工程师，核潜艇第一任总设计师。

20 1985年（60岁）

作为主要完成人，主持完成的"我国第一代核潜艇的研究设计"荣获国家科技进步奖特等奖。

22 1988年（63岁）

获国防科工委颁发的为国防科技事业做出突出贡献的荣誉奖。

24 2017年（92岁）

获何梁何利基金科学与技术成就奖。

26 2021年（96岁）

3月22日在北京逝世。

39

词 汇 园 地

① **彭湃**：出身于一个工商地主家庭。1924 年初由中国社会主义青年团转入中国共产党。1927 年在广东海陆丰地区（今汕尾市）领导武装起义后，建立了海丰、陆丰县苏维埃政府（这是中国第一个农村苏维埃政权）。1929 年在上海龙华英勇就义，年仅 33 岁。被毛泽东称为"农民运动大王"、中国农民运动的领袖。

② **核动力**：也称原子能，是利用可控核反应来获取能量，从而得到动力、热量和电能。

③ **核潜艇**：核潜艇是潜艇中的一种类型，指以核反应堆为动力来源设计的潜艇，只有军用潜艇采用这种动力来源。世界上第一艘核潜艇是美国的"鹦鹉螺"号，1954 年建成。全世界公开宣称拥有核潜艇的国家有 6 个，分别为：美国、俄罗斯、英国、法国、中国、印度。

④ **陆上模式堆**：在建造一套新型舰艇核动力装置之前，先在陆地上模拟建造的，其功能、性能、尺寸、环境条件等与之一样、相近或近似的，能够进行性能试验的核动力装置。

⑤ **增殖堆**：是转化比大于 1 的反应堆。增殖堆能够产生比它消耗的更多的核裂变材料。最初增殖堆因其燃料利用率比轻水堆高而备受关注。20 世纪 60 年代以后，更多的铀资源被发现，同时，新的铀浓缩方法降低了燃料成本，增殖堆的吸引力有所减小。

⑥ **压水堆**：全称"加压水慢化冷却反应堆"。以加压的、未发生沸腾的轻水（即普通水）作为慢化剂和冷却剂的反应堆。燃料为低浓缩铀。是核电站中数量最多、容量最大的堆型。

⑦ **大气压**：大气压强的简称。是作用在单位面积上的大气压力，即等于单位面积上向上延伸到大气上界的垂直空气柱的重量。

⑧ **核电站**：将原子核裂变释放的核能转换成热能，再转变为电能的系统和设施，通常称为核电站。按产生蒸汽的过程不同，轻水堆可分成沸水堆核电站和压水堆核电站两类。压水堆是最成熟、最成功的动力堆型。我国的绝大多数核电站都是压水堆型的。

参考资料：
1. 黄榕. 吃百家饭的孩子 [M]. 成都：四川少年儿童出版社，1999.
2. 吕娜. 核动力道路上的垦荒牛：彭士禄传 [M]. 上海：上海交通大学出版社，2013.

图书在版编目（CIP）数据

吃百家饭的孩子与中国核潜艇：彭士禄的故事 / 杨志宏著；王兰，张晓绘. — 北京：北京出版社，2023.3

（"共和国脊梁"科学家绘本丛书：校园普及版 / 任福君主编）

ISBN 978-7-200-16633-0

Ⅰ．①吃… Ⅱ．①杨… ②王… ③张… Ⅲ．①彭士禄（1925-2021）－传记－少儿读物 Ⅳ．①K826.16-49

中国版本图书馆CIP数据核字(2021)第207965号

选题策划	李清霞　袁　海
项目负责	刘　迁
责任编辑	王冠中
装帧设计	张　薇　耿　雯
责任印制	刘文豪
封面设计	黄明科
宣传营销	常歆玮　郑　龙　安天训
	王　岩　王　尊　李　萌

"共和国脊梁"科学家绘本丛书　校园普及版
吃百家饭的孩子与中国核潜艇
彭士禄的故事
CHI BAIJIAFAN DE HAIZI YU ZHONGGUO HEQIANTING

任福君　主编
杨志宏　著　王　兰　张　晓　绘

| 出　　版：北京出版集团 |
| 　　　　　北 京 出 版 社 |
| 地　　址：北京北三环中路6号 |
| 邮　　编：100120 |
| 网　　址：www.bph.com.cn |
| 总 发 行：北京出版集团 |
| 经　　销：新华书店 |
| 印　　刷：北京博海升彩色印刷有限公司 |
| 版 印 次：2023年3月第1版　2023年6月第2次印刷 |
| 成品尺寸：215毫米×280毫米 |
| 印　　张：2.75 |
| 字　　数：30千字 |
| 书　　号：ISBN 978-7-200-16633-0 |
| 定　　价：25.00元 |

如有印装质量问题，由本社负责调换
质量监督电话：010-58572393
责任编辑电话：010-58572282
团 购 热 线：17701385675
　　　　　　 18610320208

声明：为了较为真实地展现科学家生活的时代特征，部分页面有繁体字，特此说明。